RÉPUBLIQUE FRANÇAISE

Département du Finistère

RÈGLEMENT

DE LA

Caisse Départementale

DES RETRAITES

Adopté par le Conseil général dans ses Séances

des 7 Avril 1891, 1er Septembre 1911, 28 Août 1913, 2 Mai 1916

et 5 Mai 1921

(APPROUVÉ PAR DÉCRET DU 15 MARS 1914)

QUIMPER

IMPRIMERIE VEUVE ED. MÉNEZ, 17, RUE DU FROUT

1921

RÉPUBLIQUE FRANÇAISE

Département du Finistère

RÈGLEMENT

DE LA

Caisse Départementale

DES RETRAITES

Adopté par le Conseil général dans ses Séances

des 7 Avril 1891, 1er Septembre 1911, 28 Août 1913, 2 Mai 1916

et 5 Mai 1921

(Approuvé par Décret du 15 Mars 1914)

QUIMPER

IMPRIMERIE VEUVE ED. MÉNEZ, 17, RUE DU FROUT

1921

Caisse départementale des Retraites du Finistère

<hr>

I

RÈGLEMENT

Adopté par le Conseil général dans sa séance du 7 avril 1891,
maintenu et modifié par les délibérations
du Conseil général des 1er septembre 1911, 28 août 1913,
2 mai 1916 et 5 mai 1921

(APPROUVÉ PAR DÉCRET DU 15 MARS 1914)

TITRE 1er

Employés admis aux charges et aux bénéfices de la Caisse.

ARTICLE 1er

La Caisse des Retraites établie dans le département du
Finistère comprend comme sociétaires : (1)

1° Le Chef du Cabinet du Préfet ; (2)

---

(1) A l'occasion du vote de cet article, le Conseil général a décidé que
la participation aux avantages de l'Institution, de toute nouvelle catégorie
de fonctionnaires départementaux, sera désormais subordonnée au versement, dans les fonds de garantie, d'une somme proportionnée au montant
des traitements d'activité de ces agents.

(2) La circulaire du 27 novembre 1920, de M. le Ministre de l'Intérieur, spécifie que le Chef du Cabinet du Préfet, quoique entièrement payé
par l'Etat, est un agent départemental et que les retenues pour pensions à
opérer sur son traitement doivent être effectuées au profit de la Caisse
départementale des retraites.

2° Les Employés de la Préfecture et des Sous-Préfectures ;

3° Les Agents-voyers et Agents de comptabilité du Service vicinal ;

4° Le Directeur ou le Médecin en chef, le Médecin-adjoint ou les Internes en médecine (*en attendant que ces fonctionnaires aient été admis au bénéfice de la loi sur les pensions civiles*), le Receveur, l'Econome, l'Employé auxiliaire du bureau de l'Economat, les Employés de Bureau, le Contre-maître de la Meunerie et le Surveillant en chef de l'Asile d'Aliénés de Saint-Athanase.

(En cas de changement de résidence des Directeurs ou Médecins de cet établissement, le montant des retenues opérées sur leurs traitements sera reversé à la Caisse du département où ils seront appelés) ;

5" L'Archiviste et les Architectes départementaux ;

6° Les Concierges des Tribunaux civils et de commerce, les Secrétaires des Parquets (1), le Conservateur des Musées départementaux (2), les Secrétaires et Secrétaires-adjoints des Conseils de Prud'hommes (3), le personnel de l'Office départemental des mutilés et réformés de la guerre (4), le personnel de l'Office départemental des Pupilles de la Nation (5).

Tous les Agents compris dans les catégories ci-dessus énumérées et tous ceux qui y seront rangés à l'avenir participeront obligatoirement, sans exception aucune, aux charges et avantages de ladite Caisse.

---

(1) Délibération du Conseil général du 3 septembre 1908.
(2) Délibération du Conseil général du 1er septembre 1911.
(3) Loi du 3 juillet 1919 et délibération du Conseil général du 5 mai 1920.
(4) Délibération du Conseil général du 15 septembre 1920.
(5) Délibération du Conseil général du 5 mai 1921.

TITRE II.

*Revenus de la Caisse. — Dispositions d'ordre
et de comptabilité.*

ARTICLE 2

Les ressources de la Caisse se composent :

1º D'une retenue de 5 °/₀ sur le traitement des Agents *et sur les avantages en nature compris dans ce traitement, dont jouissent, d'après les règlements en vigueur, les Fonctionnaires et Agents de l'Asile départemental des Aliénés, désignés à l'article 1ᵉʳ, § 4,* ainsi que sur toutes les gratifications ou indemnités que les Sociétaires de la Caisse reçoivent sur les fonds du département. Ces dispositions auront un effet rétroactif à l'égard des Fonctionnaires et Agents de l'Asile départemental des Aliénés qui, *depuis leur entrée en fonctions,* ont subi la retenue réglementaire, au profit de la Caisse des Retraites, *sur les avantages en nature ;*

2º De la retenue du premier mois de traitement des Agents nouvellement nommés ou réintégrés (sauf le cas où le départ aurait eu pour cause les obligations du service militaire), et du premier douzième de chaque augmentation de traitement annuel ;

3º Des retenues faites aux Agents pour cause de congé, d'absence ou par mesure disciplinaire ;

4º Du produit des rentes sur l'Etat provenant de placements faits jusqu'à ce jour et à provenir de tous autres placements qui seront faits, de toute somme non dépensée pour le Service des pensions concédées, ainsi que de toute subvention ou don provenant de l'Etat, du département, des communes ou des particuliers ;

5° Des subventions départementales nécessaires pour assurer le Service des pensions liquidées ou acquises ;

6° De la subvention de l'Etat prévue par l'article 3 de la loi du 20 avril 1920 (1).

ARTICLE 3

Les revenus de la Caisse continueront, au fur et à mesure des recettes, en exécution de l'article 110 de la loi du 28 avril 1816 et de l'ordonnance du 3 juillet suivant, à être versés à la Caisse des Dépôts et Consignations, qui demeure chargée de payer les pensions et d'employer, en achat de rentes, les portions de revenus qui excéderont, chaque année, le montant des pensions payées.

ARTICLE 4

L'Administration de la Caisse des Dépôts et Consignations produira, chaque année, pour être soumis au Conseil général, l'état des sommes qu'elle aura reçues, payées et placées pour le compte de la Caisse des retraites départementales.

ARTICLE 5

Les pensions seront réglées par le Conseil général sur la proposition du Préfet, qui aura, préalablement, par arrêté motivé, prononcé l'admission à la retraite de l'Agent intéressé.

ARTICLE 6

La liquidation d'une pension est établie d'après le

---

(1) Aux termes de cette loi, l'Etat participe à la constitution des retraites des Employés des Préfectures et Sous-Préfectures au moyen d'un versement forfaitaire de 5 % calculé sur la fraction de leurs traitements qui représente la part de l'Etat.

nombre effectif des années, mois et jours de service ; mais les fractions de francs font négligées au profit de la Caisse des retraites.

Le traitement moyen des six dernières années est pris pour base de la liquidation.

TITRE III

—

DROITS DES SOCIÉTAIRES

—

CHAPITRE Ier

—

Conditions des droits à pension et quotité de cette pension.

—

ARTICLE 7

Les Agents départementaux ne peuvent faire liquider leur pension qu'après 30 ans de service et 60 ans d'âge, sauf dans les cas prévus à l'article 8 qui peuvent faire devancer l'admission à la retraite. (1)

Les services ne sont comptés qu'à partir de l'âge de 18 ans, quelles qu'aient été les retenues subies antérieurement.

ARTICLE 8

La pension est accordée avant 30 ans de service :

1° Aux agents que des accidents ou infirmités résultant de l'exercice de leurs fonctions, rendent incapables de les exercer. La constatation des infirmités sera faite par deux médecins désignés par l'Administration ;

2° A ceux qui se trouvent réformés par le fait de la suppression de leur emploi.

Dans les cas prévus ci-dessus, il sera exigé un minimum de 20 ans de service et 38 ans d'âge.

---

(1) Par délibération du 30 avril 1919, le Conseil général a décidé que la pension sera accordée à l'âge de 60 ans et après 20 ans de services aux anciens militaires, réformés n.° 1 ou retraités par suite d'infirmités résultant de blessures, qui sont entrés dans l'Administration départementale après l'âge de 30 ans.

Néanmoins, il pourra être accordé des secours renouvelables aux Agents ayant au moins 15 ans de service, qui se trouvent dans les conditions indiquées au présent article ; (1)

3° Aux Agents qui — quels que soient leur âge et la durée de leur activité — auront été mis hors d'état de continuer leur service soit par suite d'un acte de dévouement dans un intérêt public ou en exposant leurs jours pour sauver la vie d'un de leurs concitoyens.

Article 9

La pension accordée après 30 ans de service sera égale à la moitié du traitement moyen des six dernières années. Elle s'accroîtra d'un soixantième dudit traitement par année de service en plus, sans pouvoir dépasser les deux tiers de ce traitement moyen au moment de la mise à la retraite.

Article 10

La pension accordée avant 30 ans de service, dans les cas prévus aux § 1er et 2 de l'article 8, sera d'un soixantième du traitement moyen des six dernières années pour chaque année de service, sans pouvoir excéder la moitié de ce traitement.

Dans les cas prévus au § 3 de l'article 8, la pension sera de la moitié du dernier traitement.

---

(1) Délibération du Conseil général du 30 août 1912.

Chapitre II

Services admis dans la liquidation de la pension.

Article 11

Après 15 ans dans un Service du département du Finistère, tributaire de la Caisse des retraites, les services rendus, à partir de l'âge de 18 ans, dans les armées de terre ou de mer, les Administrations publiques de l'État, du département ou des communes, où les Agents sont soumis à la retenue, sont comptés au titulaire dans le Finistère s'ils n'ont déjà donné lieu à une pension de retraite dans l'armée ou dans les différentes Administrations.

Toutefois, les titulaires d'une retraite militaire proportionnelle pourront, après 12 années de services effectifs dans l'Administration départementale, obtenir une pension de retraite liquidée au prorata du nombre d'années accomplies dans les services départementaux.

Article 12

Nul Agent ou Employé nouveau du département, qui voudra faire compter ses services étrangers prévus à l'article 11, ne sera admis à jouir des avantages de la retraite, s'il n'a versé dans la Caisse les retenues arriérées, en capital et intérêts composés à 5 %, telles qu'il les aurait versées, si, dans l'origine, il avait été au service du département, sans préjudice du versement du premier douzième de son traitement. (1)

(1) Aux termes de l'article 3 de la loi du 20 avril 1920, l'employé de Préfecture ou de Sous-Préfecture passant d'un département dans un autre

Chapitre III

—

Privation de pensions.

Article 13

Tout Agent démissionnaire ou révoqué perd ses droits
à la pension de retraite ; toutefois, s'il est replacé dans un
Service départemental, le temps de son premier service
lui est compté pour la liquidation ultérieure de sa retraite.

*Tout Agent démissionnaire ou révoqué ne peut prétendre
à aucune indemnité, notamment au remboursement des retenues exercées sur son traitement.* (1)

Perd également ses droits à la retraite, l'Agent qui est
constitué en déficit pour détournement de deniers ou de
matières ou convaincu de malversation.

La même disposition est applicable à l'Agent convaincu
de s'être démis de ses fonctions à prix d'argent, ainsi qu'à
celui qui aurait été condamné à une peine afflictive ou
infamante.

---

devient de plein droit tributaire de la Caisse des retraites de ce dernier
département, en faisant comp'er, pour l'établissement du droit à pension
et pour la liquidation, des services antérieurs dans les Préfectures et Sous-
Préfectures, avec transfert de retenues qu'il aura subies pour lesdits services, quelles que soient, à cet égard, les dispositions des statuts des Caisses
de retraite.

Si le règlement d'une des Caisses intéressées comporte, pour tout ou
partie du personnel, le système du livret individuel, le transfert s'applique
également aux subventions départementales calculées d'après le règlement
qui prévoit ces subventions.

(1) Il peut, cependant, obtenir le bénéfice des dispositions de l'article 2
du décret du 15 mars 1914 qui est annexé au présent règlement.

CHAPITRE IV

—

*Droits des veuves et des orphelins. — Conditions du droit
et quotité de la pension.*

ARTICLE 14

La veuve a droit à une pension égale au tiers de celle
dont le mari a joui ou à laquelle il aurait pu prétendre au
moment de son décès, non seulement en vertu des articles 7 et 9, mais encore en vertu des articles 8 (§ 1er et 2)
et 10, c'est à-dire que si le mari meurt avant 30 ans de
services, la veuve aura droit au tiers de la pension que le
mari aurait obtenue pour la durée de ses services, s'il
avait été dans les conditions prévues par les § 1er et 2 de
l'article 8, à raison d'un soixantième par an du traitement
moyen des six dernières années.

La veuve de l'Agent qui, dans l'exercice ou à l'occasion
de ses fonctions, a perdu la vie dans un naufrage ou dans
un des cas spécifiés au § 3 de l'article 8, soit immédiatement, soit par suite de l'évènement, a droit à une pension
égale aux deux tiers de celle que le mari aurait obtenue
ou pu obtenir par application du § 2 de l'article 10.

La pension est augmentée d'un cinquième de sa valeur
pour chaque enfant mineur non émancipé par le mariage,
sans que, toutefois, ces pensions réunies puissent excéder
la moitié de la pension à laquelle aurait eu droit l'Agent
lui-même. Ce maximum est porté aux trois quarts de la
pension qu'aurait obtenue l'Agent décédé dans les circonstances prévues au § 3 de l'article 8.

La pension accordée aux orphelins mineurs s'éteindra à
leur majorité, c'est-à-dire à 21 ans. En cas de mariage de
ceux-ci, le Service de la pension cessera immédiatement.

ARTICLE 15

Le droit à la pension n'existe pas pour la veuve, dans le cas de séparation de corps prononcée en faveur du mari ou de divorce.

En cas de décès de celui-ci, en activité de service ou en retraite, la veuve n'a droit à sa pension, que si elle compte deux ans de mariage au moment de la cessation des fonctions de son mari ou s'il existe un ou plusieurs enfants issus du mariage antérieur à cette cessation.

Cependant, si ce dernier a perdu la vie ou est devenu incapable de servir, à la suite d'une des circonstances prévues à l'article 8, le droit à la pension sera acquis à la veuve, pourvu que le mariage avec l'Agent décédé ou retraité ait eu lieu antérieurement à l'événement qui aura amené sa mort ou sa mise à la retraite.

ARTICLE 16

Si l'Agent laisse une veuve et un ou plusieurs enfants mineurs provenant d'un mariage antérieur, il est prélevé sur la pension propre de la veuve, et sauf reversibilité en sa faveur, un cinquième au profit de l'orphelin du premier lit, pour ajouter au cinquième qu'il tient des droits inscrits à l'article 14, et deux cinquièmes s'il existe plusieurs orphelins du premier lit.

ARTICLE 17

Si la veuve pensionnée décède, sa pension est reversible, par parts égales, sur les enfants mineurs, sans que jamais la pension résultant pour un mineur puisse excéder celle qu'avait la veuve.

·Article 18

Si la veuve décédée n'avait pas le droit à la pension, soit qu'elle fut inhabile à la recueillir, ou déchue de ses droits pendant la minorité des enfants de l'Agent décédé, ou si celui-ci ne laisse pas de veuve, mais seulement des orphelins, il est accordé à chaque enfant mineur, non émancipé par le mariage, un cinquième de la pension qu'a eue ou qu'aurait eue le père, sans que la pension totale pour tous les enfants, puisse excéder la moitié de celle du père.

TITRE IV

—

Payement des pensions. — Cumul.

Article 19

Les pensions sont payables par trimestre sur la production d'un certificat de vie des ayants-droit.

Le cumul d'une pension sur la Caisse départementale des retraites avec un traitement d'activité quelconque est interdit lorsque cette pension a été accordée par application du § 1er de l'article 8.

Lorsque la pension a été accordce après 30 ans de services ou par application du § 2 de l'article 8, cumul de cette pension avec un traitement d'activité, quel qu'il soit, est autorisé, pourvu que l'emploi auquel le traitement est attaché ne soit pas rétribué sur les fonds départementaux.

Hors les cas prévus ci-dessus et celui de condamnation d'un pensionnaire à une peine afflictive ou infamante, les pensions et les arrérages sont incessibles. Aucune saisie ou retenue ne peut être opérée du vivant du pensionnaire que jusqu'à concurrence d'un cinquième pour débet envers le département ou pour des créances privilégiées, et d'un tiers dans les cas prévus par les articles 203, 205, 206, 207 et 214 du Code civil (Dette alimentaire).

TITRE V

Dispositions générales.

ARTICLE 20

Toutes les dispositions contraires aux articles ci-dessus sont et demeurent abrogées.

ARTICLE 21

Un arrêté préfectoral déterminera les mesures propres à assurer l'exécution du présent Règlement (qui ne sera applicable qu'aux employés entrés au service du département depuis la session d'avril 1891) (1). Les pensions des autres Agents départementaux continueront à être liquidées suivant les dispositions du règlement du 27 avril 1881. Un tableau nominatif de ces employés, indiquant la date de leur entrée dans les services départementaux, sera annexé à l'arrêté préfectoral mentionné plus haut. Cet arrêté et le nouveau règlement seront imprimés.

Vu et certifié conforme aux délibérations du Conseil général.

A Quimper, le 10 juin 1921.

Le Préfet,
MARC MINIER.

---

(1) Délibération du Conseil général du 2 mai 1916.

Caisse départementale des Retraites du Finistère.

II

Décret autorisant le maintien de la Caisse

Le Président de la République Française,

Sur la proposition du Ministre du Travail et de la Prévoyance sociale, du Ministre des Finances et du Ministre de l'Intérieur ;

Vu la loi sur les retraites ouvrières et paysannes et notamment les paragraphes 3 et 4 de l'article 10 de la dite loi ;

Les délibérations du Conseil général du Finistère, en date des 1er septembre 1911 et 28 août 1913 ;

Les propositions du Préfet du Finistère et les autres pièces de l'affaire ;

DÉCRÈTE :

ARTICLE PREMIER. — Est autorisé, sous les conditions fixées par les articles ci-après, le maintien de la Caisse des Retraites instituée en faveur des salariés départementaux du Finistère, conformément aux Statuts ci-annexés.

En conséquence, les bénéficiaires de la dite Caisse sont soustraits au régime de la loi du 5 avril 1910.

Art. 2. — Les bénéficiaires de la Caisse quittant, pour un motif quelconque, même par suite de démission ou de destitution, le Service du département sans avoir acquis des droits à pension, ont droit, pour la période de temps pendant laquelle leur traitement annuel n'a pas excédé 3.000 francs, à la liquidation, à leur profit, d'une réserve mathématique égale à celle qu'ils auraient acquise s'ils avaient été placés sous le régime de la loi sur les Retraites ouvrières et paysannes, depuis le 3 juillet 1911 ou depuis leur entrée au service du département, si celle-ci est postérieure à cette date.

La réserve mathématique, imputée sur les fonds du budget départemental, représente la somme qu'eût produite, pendant la période indiquée au paragraphe précédent, la capitalisation des versements obligatoires annuels prévus par le troisième alinéa de l'article 2 de la loi sur les Retraites ouvrières et paysannes, augmentés des contributions patronales correspondantes.

Elle est calculée d'après les tarifs de la Caisse nationale des Retraites pour la vieillesse en vigueur au moment où le salarié quitte le service du département et en supposant que les versements des intéressés et les contributions du département ont été effectués à capital aliéné. Le capital ainsi constitué sera versé à la Caisse nationale des Retraites pour la vieillesse, au compte ouvert au nom de l'intéressé, à la section spéciale relative aux opérations afférentes à la loi du 5 avril 1910.

Art. 3. — La situation financière de la Caisse des Retraites devra être soumise tous les cinq ans au Ministère de l'Intérieur.

Art. 4. — Les Ministres du Travail et de la Prévoyance sociale, des Finances et de l'Intérieur sont chargés, chacun en ce qui le concerne, de l'exécution du présent décret qui sera publié au *Journal officiel*.

Fait à Paris, le 15 mars 1914.

Signé : R. POINCARÉ.

Par le Président de la République :

Le Ministre de l'Intérieur,   *Le Ministre des Finances,*

Signé : René RENOULT.   Signé : J. CAILLAUX.

Le Ministre du Travail
et de la Prévoyance sociale,

Signé : A. MÉTIN.

Pour ampliation: :

Le Sous-Directeur,
Chef du Bureau du Cabinet,

Signé : TABARANT.

Caisse départementale des Retraites du Finistère.

III

ARRÊTÉ PRÉFECTORAL

pris en exécution de l'article 21 du Règlement.

Nous, Préfet du Finistère,

Chevalier de la Légion d'honneur,

Vu l'article 21 du Règlement de la Caisse départementale des retraites du Finistère, formant annexe au décret du 15 mars 1914 intervenu pour maintenir ladite Caisse et en approuver les Statuts ;

Vu la délibération du Conseil général du 2 mai 1916;

ARRÊTONS :

Article Premier. — La liste nominative des Employés et autres Agents départementaux entrés en service avant le 1er mai 1891 et tributaires du règlement de la Caisse en date du 27 avril 1881, est arrêtée comme suit :

NOMS des Fonct'onnaires ou Agents	GRADES	DATES D'ADMISSION dans les Services départementaux
	Préfecture et Sous-Préfectures.	
MM.		
Roux	Chef de division (Préfecture)	1er mai 1883.
Cosléou....	— —	1er janvier 1888.
Kerjean ...	Expéditionnaire (Sous-Préfecture de Brest).	1er octobre 1889.
Salaün	Rédacteur (Préfecture).	1er mai 1890.
Le Bescond.	Chef de bureau (Préfecture).	1er janvier 1895. (Délibération spéciale du Conseil général du 29 avril 1919).
Hascoët ...	Huissier (Préfecture).	1er mai 1896. (Délibération spéciale du Conseil général du 29 avril 1919).
	Asile départemental des Aliénés.	
MM.		
Le Guillou.	Sous-Econome	5 mars 1883.
Martin.....	Receveur-Econome.	11 janvier 1886.
Riolay.....	Secrétaire de Direction.	1er janvier 1889.
	Service Vicinal.	
MM.		
Coatval, Fr.	Agent-voyer d'arrondissem'	1er avril 1877.
Delozanne..	— —	4 octobre 1877.
Revaud	Agent voyer principal.	15 juin 1880.
Poche......	Agent-voyer d'arrondissem'.	1er septembre 1881.
Eildé	— —	15 septembre 1886.
Le Blanche.	Agent-voyer principal.	15 juin 1887.
Corric	— —	25 octobre 1887.

Art. 2. — Tout fonctionnaire ou Agent en instance pour obtenir la liquidation d'une pension de retraite, devra produire, outre l'arrêté préfectoral prévu par l'article 5 du règlement, les pièces énumérées dans la nomenclature ci-après :

§ 1. — *Par l'Employé ayant accompli les années de services exigées :*

1° Demande de pension (sur papier timbré) ;

2° Expédition de l'arrêté de nomination au premier emploi rétribué sur fonds départementaux :

3° Acte de naissance ;

4° Etat délivré par le Préfet des services rendus dans les emplois tributaires de la Caisse ;

5° Une déclaration de domicile.

En cas de services militaires :

Certificat établissant ces services et émanant directement du Ministre de la Guerre ou de celui de la Marine (Les actes de notoriété, les congés de réforme et les actes de licenciement ne sont pas admis pour la justification des services militaires).

En cas de services étrangers à ceux tributaires de la Caisse :

Certificat délivré par les Chefs d'Administration indiquant la durée de ces services. Justification, s'il y a lieu, du versement à la Caisse départementale du Finistère, des retenues arriérées dans les cas et conditions prévus au règlement.

§ 2. — *Par l'Employé admis à la retraite pour cause d'accident ou d'infirmité.*

Mêmes justifications qu'au paragraphe 1er et de plus :

Certificat (sur papier timbré) de deux Médecins désignés par le Préfet, constatant que l'Employé est atteint d'infirmités résultant de l'exercice de ses fonctions et qui le rendent incapable de les continuer.

§ 3. — *Par l'employé admis à la retraite pour cause de suppression d'emploi.*

Mêmes justifications qu'au paragraphe 1er et en plus : Expédition de l'arrêté qui a prononcé la suppression de l'emploi.

§ 4. — *Par la veuve de l'Employé et ses enfants mineurs non émancipés par le mariage.*

1o Demande de pension (sur papier timbré) ;
2o Acte de naissance de la veuve ;
3° Acte de naissance de chacun de ses enfants mineurs ;
4° Acte de célébration de mariage de leurs père et mère.
S'il existe des enfants mineurs d'un mariage antérieur de l'Employé :
Acte de naissance de chacun des enfants, plus l'acte de célébration de mariage de leurs père et mère, accompagné de l'acte de décès de cette dernière ;
5° Acte de décès du pensionnaire ou de l'Employé ;
6› Certificat de non divorce et certificat de non-séparation de corps délivrés par le greffier du Tribunal de 1re instance.
Ou, s'il y a eu séparation de corps :
Certificat constatant que cette séparation n'a pas été prononcée sur la demande du mari ;
7°Copie de l'acte portant concession d'une pension au mari.
Ou, s'il n'est pas décédé en jouissance d'une pension :
Les pièces qu'il aurait été tenu de produire ;
8° Déclaration de domicile.

§ 5. — *Par les orphelins mineurs non émancipés
par le mariage.*

1° Demande de pension établie par le tuteur (sur papier
timbré) ;

2° Expédition ou extrait de l'acte de tutelle ;

3° Acte de naissance de chacun des enfants ;

4°. Acte de décès du père et de la mère ;

5° Acte de célébration du mariage ;

6" Copie de l'acte portant concession d'une pension au
père.

Ou, s'il n'est pas décédé en jouissance d'une pension :
Les pièces qu'il aurait été tenu de produire.

Ou, en cas de reversibilité de la pension de la mère à ses
enfants mineurs :

Copie de l'acte portant concession d'une pension à la
mère ;

7° Déclaration de domicile du tuteur.

§ 6. — *Par les enfants mineurs non émancipés par le
mariage, lorsque la veuve est inhabile à recueillir une
partie de la pension de l'Employé.*

Mêmes justifications qu'au paragraphe 5, moins l'acte de
décès de la mère, et, de plus, expédition du jugement qui a
prononcé la séparation ou le divorce, ou certificat du
greffier du Tribunal qui a rendu le jugement.

Art. 3. — M. le Secrétaire général de la Préfecture est
chargé de l'exécution du présent arrêté qui sera annexé au
Règlement de la Caisse départementale des retraites et
imprimé avec lui.

Quimper, le 10 juin 1921.

Le Préfet,
Marc MINIER.